First Picture Dictionary
Animals
Първи илюстрован речник
Животни

Pig
Прасе

Rabbit
Заек

Butterfly
Пеперуда

Fox
Лисица

Illustrated by Anna Ivanir

www.kidkiddos.com
Copyright ©2025 by KidKiddos Books Ltd.
support@kidkiddos.com

All rights reserved. No part of this book may be reproduced in any form or by any electronic or mechanical means, including information storage and retrieval systems, without written permission from the publisher, except in the case of a reviewer, who may quote brief passages embodied in critical articles or in a review.
First edition, 2025

Library and Archives Canada Cataloguing in Publication
First Picture Dictionary – Animals (English Bulgarian Bilingual edition)
ISBN: 978-1-83416-474-8 paperback
ISBN: 978-1-83416-475-5 hardcover
ISBN: 978-1-83416-473-1 eBook

Wild Animals
Диви животни

Lion
Лъв

Tiger
Тигър

Giraffe
Жираф

✦ *A giraffe is the tallest animal on land.*

✦ Жирафът е най-високото животно на сушата.

Elephant
Слон

Monkey
Маймуна

Wild Animals
Диви животни

Hippopotamus
Хипопотам

Panda
Панда

Fox
Лисица

Deer
Елен

Rhino
Носорог

Moose
Лос

Wolf
Вълк

✦ A moose is a great swimmer and can dive underwater to eat plants!

✦ *Лосът е отличен плувец и може да се гмурка под водата, за да яде растения!*

Squirrel
Катерица

Koala
Коала

✦ A squirrel hides nuts for winter, but sometimes forgets where it put them!

✦ *Катерицата крие ядки за зимата, но понякога забравя къде ги е сложила!*

Gorilla
Горила

Pets
Домашни любимци

Canary
Канарче

Guinea Pig
Морско свинче

✦ *A frog can breathe through its skin as well as its lungs!*

✦ *Жабата може да диша както с кожата си, така и с белите си дробове!*

Frog
Жаба

Hamster
Хамстер

Goldfish
Златна рибка

Dog
Куче

✦ Some parrots can copy words and even laugh like a human!

✦ Някои папагали могат да повтарят думи и дори да се смеят като хора!

Parrot
Папагал

Cat
Котка

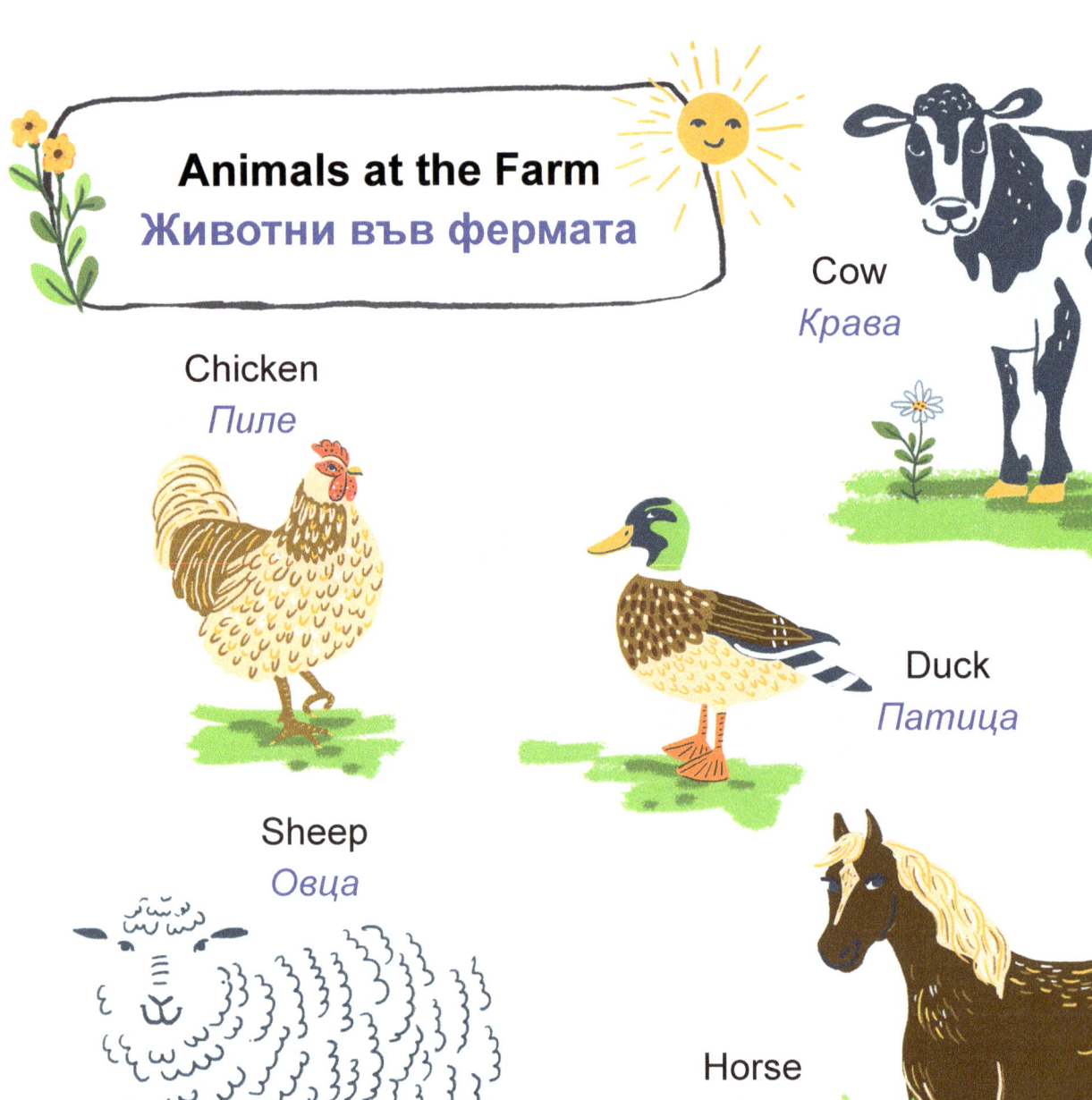

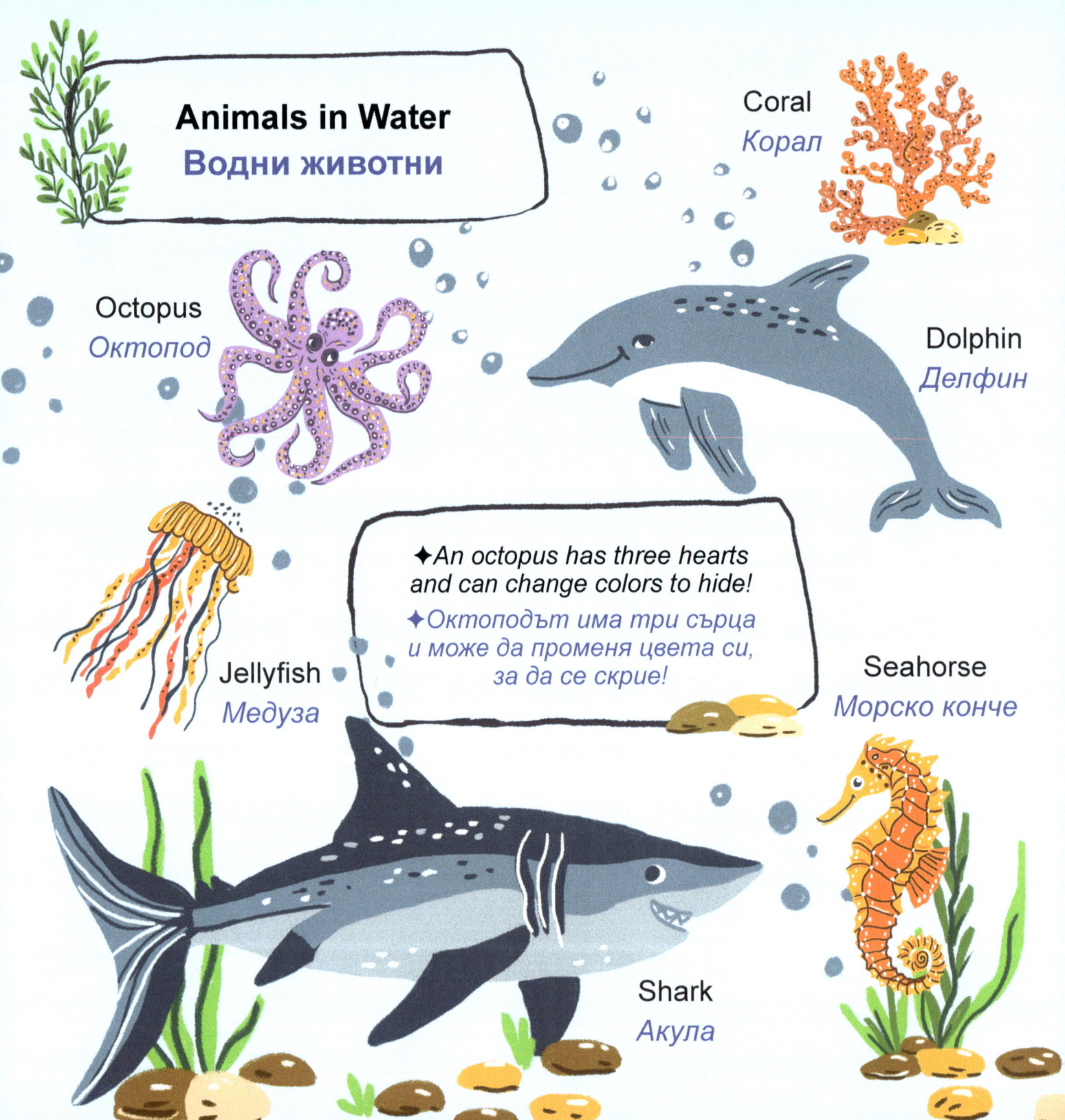

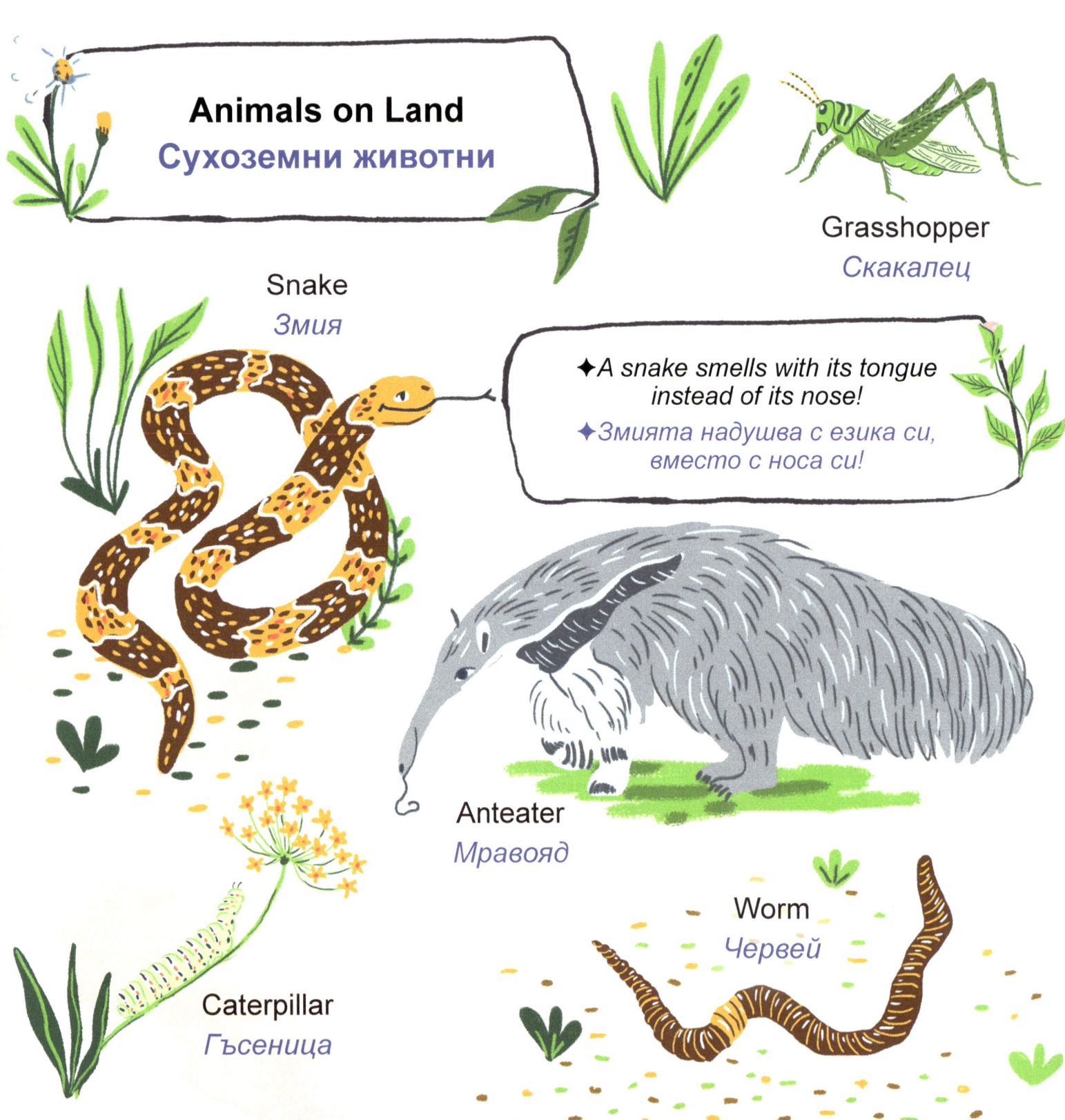

Badger
Язовец

Porcupine
Бодливо свинче

Groundhog
Мармот

◆ *A lizard can grow a new tail if it loses one!*
◆ *На гущера може да му израсне нова опашка, ако изгуби старата!*

Lizard
Гущер

Ant
Мравка

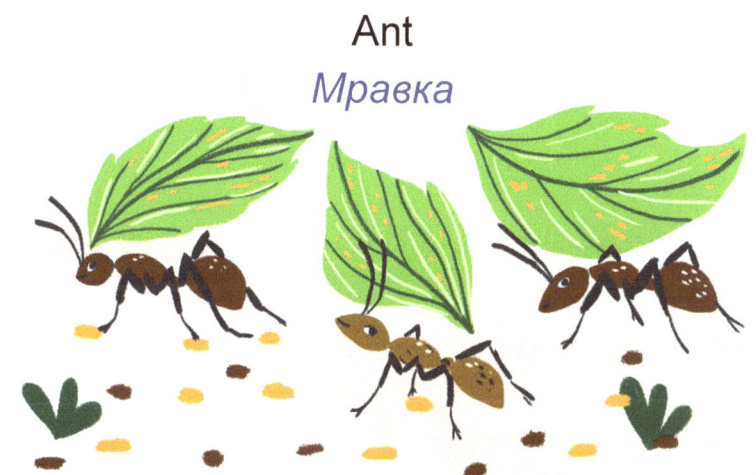

Small Animals
Малки животни

Chameleon
Хамелеон

Spider
Паяк

✦ *An ostrich is the biggest bird, but it cannot fly!*
✦ *Щраусът е най-голямата птица, но не може да лети!*

Bee
Пчела

✦ *A snail carries its home on its back and moves very slowly.*
✦ *Охлювът носи дома си на гърба си и се движи много бавно.*

Snail
Охлюв

Mouse
Мишка

Owl
Бухал

Bat
Прилеп

✦An owl hunts at night and uses its hearing to find food!
✦*Бухалът ловува нощем и използва слуха си, за да открие храна!*

✦A firefly glows at night to find other fireflies.
✦*Светулката свети нощем, за да намери други светулки.*

Raccoon
Миеща мечка

Tarantula
Тарантула

Colorful Animals
Цветни животни

A flamingo is pink
Фламингото е розово

An owl is brown
Бухалът е кафяв

A swan is white
Лебедът е бял

An octopus is purple
Октоподът е лилав

A frog is green
Жабата е зелена

✦ A frog is green, so it can hide among the leaves.
✦ *Жабата е зелена, затова може да се скрие сред листата.*

Animals and Their Babies
Животни и техните бебета

Cow and Calf
Крава и теле

Cat and Kitten
Котка и котенце

✦ *A chick talks to its mother even before it hatches.*
✦ *Пиленцето разговаря с майка си още преди да се излюпи.*

Chicken and Chick
Кокошка и пиленце

Dog and Puppy
Куче и кученце

Butterfly and Caterpillar
Пеперуда и гъсеница

Sheep and Lamb
Овца и агне

Horse and Foal
Кон и жребче

Pig and Piglet
Прасе и прасенце

Goat and Kid
Коза и яре

www.ingramcontent.com/pod-product-compliance
Lightning Source LLC
LaVergne TN
LVHW072055060526
838200LV00061B/4744